Can We Be Friends?
アクティビティブック

できたね！シール

よびシール

じぶんのすきな
できたね！シールを
つくろう

Can We Be Friends?
アクティビティブック
• Activity Book •

Written by
Patricia Daly Oe
Mari Nakamura

········· **はじめに** ·········

偶然出会ったネコとカメ。お互い友だちになれるかと少し心配顔。いろいろな遊びを試してみても、なかなか一緒にできることが見つかりません。ネコとカメは友だちになることができるでしょうか？　楽しいアクティビティを通して一緒に体を動かし、動作のことばを学びましょう。

Cat and Turtle meet one day. At first, they are not sure if they can be friends. As they try various activities together, they warm up to each other and finally become great friends! Move your body with Cat and Turtle and learn action words and more.

もくじ Table of contents

ことばをまなぼう

えじてん 4
Picture dictionary
絵本に出てくる単語を練習します。

シールをはろう 6
Fun with stickers
何の絵か考えてシールを貼ります。

さがそう 7
Search for the pictures
イラストを見て、絵を探します。

なぞろう 8
Trace letters
絵本に出てくることばの文字をなぞります。

せんでむすんで なぞろう 9
Connect with lines and trace
絵と英語を線で結び文字をなぞります。

あたらしいことばを おぼえよう 10
Learn more words
シールを貼って、新しいことばに親しみます。

かんがえよう

なにかな？ 12
What are they?
色を塗り、かくれている絵を探します。

めいろにチャレンジ 13
Have fun with a maze
迷路を楽しみます。

わけてみよう 14
Put into groups
2つのカテゴリーに分けます。

おもいうかべよう 16
Imagine
知識と想像力をはたらかせて絵を描きます。

つくろう

ぬりえをしよう 17
Enjoy coloring
好きな色で塗り絵をします。

つくろう 18
Create your own picture
切って貼って、オリジナルの絵を作ります。

あそぼう

ごっこあそびをしよう 21
Role-playing
想像力をはたらかせて会話を楽しみます。

ボードゲームをしよう 22
Play a board game
ボードゲームをみんなで楽しみます。

カード 25
Cards
ゲームに使うカードやこま、サイコロ、絵カード

シール
Stickers
6ページ、10ページ、11ページ用のシールと
できたね！シール

アクティビティブックについて

このアクティビティブックは
絵本 Can We Be Friends?（別売り）に対応しています。
アクティブ・ラーニングの概念に沿った「学ぶ」「考える」「創作する」「遊ぶ」の
4つのカテゴリーで英語力と思考力、クリエイティビティ、協調性を育みます。

This activity book is based on the picture book "Can We Be Friends?".
The activities in the four active learning categories of "learning", "thinking", "creating" and "playing" foster abilities in English language, thinking, creativity and collaboration through observation, word puzzles, chants, stickers, simple crafts and games.

ことばをまなぼう Let's Learn

絵本に出てくる単語や関連する新しいことばをチャンツ、シール貼り、線結びなどを通して学びます。ここで楽しく身につけた語彙力が次からの活動の基礎となります。

かんがえよう Let's Think

仲間分けや身近な場所、身の回りを観察するアクティビティを通して思考力を養います。答えが決まっていない活動は、子どもの自主性や自由な発想も養います。

つくろう Let's Create

色塗りやシンプルな工作に取り組み、出来上がったものを英語で表現します。その過程で子どもは、創意工夫する喜びや表現する楽しさを経験し、創造力を身につけていきます。

あそぼう Let's Play

ごっこあそびやボードゲームを通して、想像力や協調性を養います。また、これまでに習った英語を遊びを通して使うことにより「英語ができる！」という自信を育みます。

アクティビティブックの効果的な使い方

1. まず、対応の絵本、DVDでストーリーを楽しみましょう。そのあとにこのアクティビティブックに取り組むと、学習効果がアップします。

2. アクティビティは、一度にたくさん進めるよりも、少しずつ楽しみながら取り組んでいきましょう。上手にできたら できたね！シール を貼って、ほめてあげましょう。

3. このアクティビティブックの4～5ページ、10～11ページのチャンツはアプリで聴けますので、繰り返し聞いて英語の音やリズムを体で覚えていきましょう。（アプリの使い方は、24ページをご覧ください。）

指導者の方へ
教室では、一人一人の個性的な表現を尊重し、違いを認め合う雰囲気で活動を進めましょう。生徒が絵や作品について日本語で話した時は、それを英語に直して語りかけたり、その英語をリピートするように促したりして、英語を話せるように導きます。

保護者の方へ
絵本の世界を味わいながら、ゆったりとした気分で進めていきましょう。この本には、子どもの自由な表現を促す、答えが決まっていない活動も多く含まれています。💡取り組みのヒントを参考に、子どもと一緒に伸び伸びと英語の探索を楽しみましょう。

ことばをまなぼう **Let's Learn**

取り組みのヒント Learning Tips

チャンツを聴き、絵を指さしながら単語をリピートしましょう。音声を再生できない場合には、単語を読んであげてください。アクティビティをする前にチャンツの練習をすると、楽しみながら身につけることができます。また、27〜29ページの絵カードを使って仲間探しをしたり、裏返して「○○○カードはどれでしょう」とクイズをしたり、メモリーゲームをしたり、いろいろなアクティビティを楽しめます。

Children listen to the chant, look for the pictures and repeat the words. If you cannot listen to the audio, please read the words to the children. Learning will be fun if you repeat the chant each time before doing the activities. By using the picture cards on pages 27 to 29, you can enjoy activities like memory games and quizzes. (For example, pick up the card with the word ○○○.)

シールをはろう
Fun with stickers

かげのえがなにかかんがえて、シールをはりましょう。
Find and place the stickers.

できたね！
シール
sticker

取り組み のヒント
Learning Tips

シールを貼る時には、一緒に英語を言ってみましょう。
Say the words together as children put the stickers in place.

ことばをまなぼう Let's Learn

さがそう
Search for the pictures

おともだちがネコとカメのまねをしてあそんでいるよ。
おなじポーズをさがして □ にばんごうをかきましょう。
Find and write the numbers in the □.

できたね！
シール
sticker

| swim in the sea | smell a rose | jump on the shed | touch your toes |

取り組みのヒント Learning Tips

動物のポーズをまねしながら、英語を言いましょう。
Copy the movements of the animals when saying the words.

なぞろう
Trace letters

えいごをいってなぞりましょう。
Say the words and trace.

✏️ なぞる

できたね！
シール
sticker

💡 **取り組みのヒント Learning Tips**

なぞる前となぞった後に、英語を言ってみましょう。
Say the words in English before and after tracing them.

ことばをまなぼう Let's Learn

せんでむすんでなぞろう
Connect with lines and trace

えとえいごをせんでむすび、もじをなぞりましょう。
Connect the picture with the word and trace.

できたね！
シール
sticker

> **取り組みのヒント Learning Tips**
>
> 英語を読めない子どもには、読んであげましょう。
> Please read the words to children who cannot read.

あたらしいことばを おぼえよう
Learn more words

あたらしいことばの
スマートフォンをかざして
チャンツをききましょう
Listen to the chant with a smart phone.

できたね！
シール
sticker

ほかにどんなことばがあるかな？
シールをはって、えカード（p.27-31）であそびましょう。
Find and place the stickers. Play a game with the picture cards on pages twenty-seven to thirty-one.

①

cat　　　　　frog　　　　　bird

②

turtle　　　　fish　　　　　crab

③

head　　　　cheek　　　　mouth

ことばをまなぼう **Let's Learn**

4

toes　　　　knees　　　　legs

5

tree　　　　flower　　　　leaf

6

swim　　　　surf　　　　dive

取り組みのヒント **Learning Tips**

絵本に出てこない身近なことばを練習してみましょう。それぞれどんな仲間でしょうか。新しい単語はチャンツで聴くことができます。27〜31ページに絵カードがありますので、一人が単語を言って、もう一人がカードを取るような遊びをしてみましょう。

Let's practice some other words related to the words in the story. How are they connected? You can listen to the chants for pronunciation. You can use the picture cards on pages 27 to 31 to play a simple game where one person says a word and the other person finds the matching card.

なにかな?
What are they?

Bにあお、Gにはいいろ、Pにむらさき、Rにあかをぬりましょう。
なにのえがでてくるかな?
B=blue G=gray P=purple R=red
What are the pictures?

B=blue   G=gray   P=purple   R=red

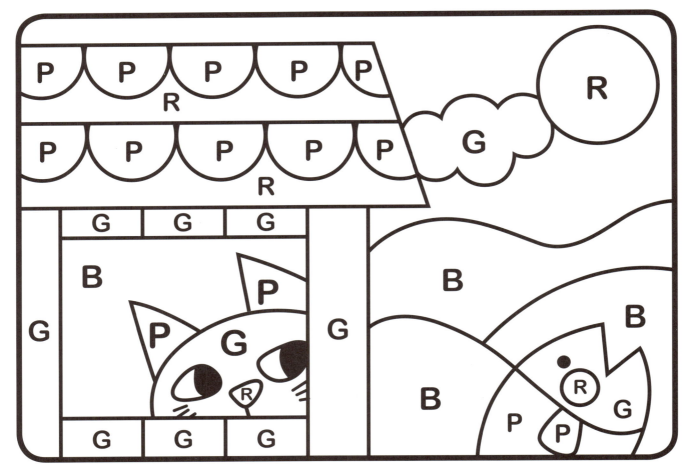

指示通りに色を塗ると、絵が出てきます。絵が出てきたら一緒に英語を言ってみましょう。

取り組みのヒント Learning Tips

When the parts of the picture are colored in as indicated, some pictures are revealed. Say what they are together.

かんがえよう **Let's Think**

めいろにチャレンジ
Have fun with a maze

ネコとカメがこうえんであうやくそくをしました。
どのみちをとおったらいいかな？
とおりみちにせんをひきましょう。
Help Cat and Turtle meet at the park.

できたね！
シール
sticker

 取り組みのヒント **Learning Tips**　迷路に慣れていない場合は、まず指でなぞってから、線を描くように声かけをしましょう。迷路の中にある tree、rose、shed、frog、bird、crab、flower も英語で言えるか、試してみましょう。

Children who are not used to mazes should track the way with their finger first. After that, tell them to draw the line. Encourage them to say the words in English for the pictures in the maze (tree, rose, shed, frog, bird, crab, and flower).

かんがえよう **Let's Think**

できたね!
シール
sticker

● できること
I can ...

● できないこと
I can't ...

取り組みのヒント **Learning Tips**

できるかどうかを考えて、できること、できないことに分けて自分の絵を描きます。それぞれにいくつ絵を描くかは子どもにまかせましょう。描けたらI can ... や I can't ... と表現してみましょう。

Children think about what they can or cannot do and draw pictures. Leave the number of pictures in the two categories up to children. After they have drawn the pictures, practice saying " I can ... " and " I can't ... "

おもいうかべよう
Imagine

すきなどうぶつをおもいうかべ
そのどうぶつがとくいなことを〇でかこみ、えをかきましょう。
What can your favorite animal do? Circle.
Then draw the picture of the animal doing the actions.

できたね！
シール
sticker

とくいなこと

 jump　run　climb　swim　hide

💡 **取り組みのヒント** Learning Tips
知識と想像力をはたらかせて絵を描きます。絵が描けたら It can jump. のように文を言ってみましょう。
Children think about their favorite animal and show their idea through drawing. Have children say sentences to describe their picture such as " It can (jump)."

つくろう **Let's Create**

ぬりえをしよう
Enjoy coloring

すきないろでぬりましょう。
Color the picture.

できたね！
シール
sticker

取り組みのヒント Learning Tips

色を塗ったら、英語で言えるものを一緒に探して言ってみましょう。
After children have colored in the picture. search for words together that they can say in English.

17

つくろう
Create your own picture

カメのこうらをつくり、にわにおはなをかざりましょう。きってはりましょう。
Design the shell of the turtle and the garden. Cut and paste.

できたね！
シール
sticker

取り組みのヒント Learning Tips

19ページの絵を切り離して、このページに並べて貼って、カメのこうらと庭をデザインしましょう。出来上がったら英語で色を言ったり、It's cute/ pretty/ colorful.（かわいいね・きれいだね・カラフルだね）などと言ってみましょう。

After cutting out the items on page 19, have children design the shell of the turtle and the garden. After finishing, they can try to say the words for the colors and other words to describe the shell in English, such as "It's cute/ pretty/ colorful."

つくろう **Let's Create**

8 cut きる

▼したのもようは、きってもちぎってもいいよ。

あそぼう **Let's Play**

ごっこあそびをしよう
Role-playing

えをみてまねをしましょう。
Look at the pictures and practice.

できたね！
シール
sticker

取り組みのヒント Learning Tips

応用として、このアクティビティブックの絵カードやおもちゃ、ぬいぐるみを使って、同様の会話を練習してみましょう。

Practice the same kinds of conversations by using the picture cards in this activity book, toys or stuffed animals.

ボードゲームをしよう
Play a board game

4にんまであそべます
25ページのカード、こま、サイコロをつかいます。
Use the pieces on page 25.

ネコとカメにお花のプレゼント
Pick flowers for cat and turtle.

ゴールのネコとカメにおはなをプレゼントするゲームです。
・じゅんばんにサイコロをふって、サイコロのかずだけすすみます。
・ネコとカメのえのマスにとまったら、えのどうさをみて "Can you ___ ?" とみんなにじゅんばんにきいて、おはなのカードを1まいもらいます。きかれたひとは "Yes, I can." または "No, I can't." とこたえましょう。
・ネコとカメのえいがいのマスにとまったら、そのえのどうさのまねをしながら "I can ___." または "I can't ___." といいます。このときはカードはもらえません。
・ぜんいんがゴールをしたとき、おはなのカードをいちばんたくさんもっているひとがかちです！

あそぼう **Let's Play**

- Roll the dice in turn. Go forward the number of spaces shown on the dice.
- When you land on a Cat or Turtle space, ask other players "Can you…?" using the phrase in the space. Then get one flower card. The players who were asked the question answer either "Yes, I can." or "No, I can't."
- When you land on the other spaces, you say "I can…" or "I can't…" doing an action shown in the space. You can't get a flower when you land on these spaces.
- The winner is the one who has collected the most flowers when everyone has reached the goal.

アプリの使い方

スマートフォンをかざしてチャンツをききましょう あたらしいことばのスマートフォンをかざしてチャンツをききましょう のページ（p.4-5、10-11）では、英語の音声を聴くことができます。
以下の方法で、お手持ちのスマートフォンやタブレットにアプリ（無料）をダウンロードしてご使用ください。

アプリダウンロード方法

オトキコ

お持ちのスマートフォンやタブレットで下記のQRコードを読み込んでください。
※QRコードリーダーをインストールされている方

iphone、iPadをお使いの方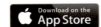

Android端末をお使いの方

または

AppStore／Googleplayで検索の枠に『mpi オトキコ』と入力して検索をしてください。

※ iphone、iPad、AppStore、MacOS は、米国およびその他の国々で登録された Apple Inc. の商標または登録商標です。
※ Android、Googleplay は、Google Inc. の商標または登録商標です。

● 著者紹介

Patricia Daly Oe（大江 パトリシア）

イギリス、ケント州出身。日本の英語教育に従事するかたわら、数多くの紙芝居と絵本を創作。著書に『Peter the Lonely Pineapple』『Blue Mouse, Yellow Mouse』『Lily and the Moon』などがある。英会話を教えていて、英語の先生のためのワークショップを開催しながら、ナレーションの活動や子供のイベントなどもしている。
Patricia Daly Oe is a British picture book author and teacher who also enjoys giving presentations, and holding events for children.
公式ホームページ● http://www.patricia-oe.com

中村 麻里

金沢市にて英会話教室イングリッシュ・スクエアを主宰。幼児から高校生の英語指導にあたるかたわら英語教材、絵本の執筆、全国での講演にたずさわり、主体性や表現力など21世紀型スキルを伸ばす指導法の普及につとめている。イギリス・アストン大学 TEYL（Teaching English to Young Learners）学科修士課程修了。2013年 JALT 学会 Best of JALT（ベスト・プレゼンター賞）受賞。
Mari Nakamura is a school owner, teacher trainer and ELT materials writer who loves good stories and playing with children.
公式ホームページ● http://www.crossroad.jp/es/

Can We Be Friends?
アクティビティブック

発行日　2017年9月27日　初版第1刷
　　　　2019年4月10日　初版第2刷

執　筆　　Patricia Daly Oe / Mari Nakamura
イラスト　まえじま ふみえ
デザイン　柿沼 みさと、島田 絵里子
協　力　　mpi English School 本部校
英文校正　Glenn McDougall
編　集　　株式会社 カルチャー・プロ
音　楽　　株式会社 Jailhouse Music
プロデュース　橋本 寛
録　音　　株式会社 パワーハウス
ナレーション　Rumiko Varnes
印　刷　　シナノ印刷株式会社
発　行　　株式会社 mpi 松香フォニックス
　　　　　〒151-0053
　　　　　東京都渋谷区代々木 2-16-2 甲田ビル2F
　　　　　phone 03-5302-1651　fax 03-5302-1652
　　　　　URL　https://www.mpi-j.co.jp

不許複製　All rights reserved.
©2017 mpi Matsuka Phonics inc.
ISBN978-4-89643-580-1

[4〜5／10〜11ページ えカード]
ごうけい30まい（よび2まい）

Picture cards for pages 4-5 and 10-11
30 cards (with 2 extras)

------- 8 cut きる

hide	head	touch
	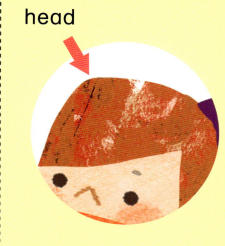	
toes	climb	tree

run	frog	bird

fish	crab	cheek

mouth 	knees 	legs 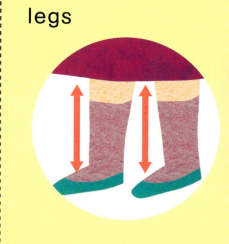
flower 	leaf 	surf 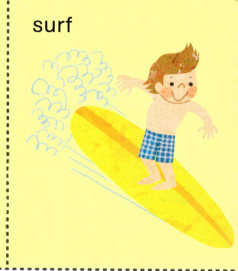
dive